AF263835

# FRANÇOIS DE PIOGER

## SOUVENIRS

## RENNES

IMPRIMERIE DE CH. CATEL ET Cie,

rue du Champ-Jacquet, 23.

**1870**

# FRANÇOIS DE PIOGER

## I

François de Pioger naquit le 7 juillet 1855.

Sa naissance fut accueillie avec bonheur dans sa famille; son aïeul surtout éprouva de la venue de cet enfant une grande joie, une de ses dernières et de ses plus vives satisfactions. Il n'avait pas encore de petit-fils de son nom, et il ne devait pas lui être donné de voir en ce monde cet accroissement de sa famille.

François fut ondoyé le jour même de sa naissance; mais les cérémonies de son baptême furent remises à un moment plus éloigné, et sa mère, tout à fait rétablie, se réjouissait de pouvoir assister, au pied des autels, aux prières si touchantes que l'Église adressait au Ciel.

Cette fête de famille eut lieu à Redon le 16 octobre 1855. Ce jour-là se trouve être une des fêtes célébrées en l'honneur de l'archange saint Michel, et il y avait dans l'office ces paroles remarquables : « Les anges des petits enfants voient Dieu face à face. » Et encore : « Malheur à quiconque scandalisera un seul de ces petits enfants. »

Le grand-oncle de François, le chef aîné de sa famille, assistait joyeux et affectueux à cette fête à laquelle il s'associait de tout son cœur, et quelques jours après, le jour de la Toussaint, en quittant la Table-Sainte, où il venait de s'asseoir, il allait recevoir près de Dieu la récompense de sa belle vie. Son fils aîné, parrain de François, rappelait dans une circonstance bien douloureuse qu'il avait dû à ce baptême de voir une dernière fois ce père si tendrement aimé, si respecté de tous.

L'aïeul de l'enfant ne devait pas survivre longtemps à ce frère auquel l'unissait la plus intime affection, et le 26 août 1856, lorsque François venait d'avoir un an, il perdait ce grand-père qui avait si affectueusement fêté sa venue.

Voué à la Sainte Vierge avant sa naissance, François en porta les couleurs et le cordon bénit jusqu'à l'âge de trois ans.

Ce ne fut point un enfant prodige, un de ces

enfants merveilleusement doués qui toujours captivent et ravissent. Ses traits prononcés auraient pù s'harmoniser avec l'âge, mais il eut toujours en sa faveur son œil bleu, large et bien ouvert, dans lequel se reflétait une âme candide et affectueuse. Il n'avait pas non plus une intelligence extraordinaire; il avait besoin d'application, de constance, de fermeté et d'effort dans le devoir. Cela était peut-être meilleur pour lui, en l'obligeant au travail. Combien d'enfants précoces, gâtés par de frivoles succès et peu trempés par l'habitude du travail, sont restés des jeunes gens médiocres, avortons qui n'ont produit aucuns fruits.

Son père se chargea de lui apprendre à lire. Cette première des sciences, la clef nécessaire de toutes les autres, en est peut-être une des plus difficiles. Dans une des conférences célèbres du P. Lacordaire, il avait été frappé d'une pensée de l'orateur religieux parlant de la famille chrétienne :

« Introduit dès sa naissance aux portes de
« l'éternité, l'enfant puise dans l'eau sainte ré-
« pandue sur son front un caractère invisible,
« mais tout puissant. La main de son père ne le
« touchera qu'avec épargne. Il grandira sous le
« toit qui l'a reçu comme un ancêtre qui doit y

« régner, et le pressentiment de son règne le
« couvrira du bouclier qui fait les forts, en
« même temps que la grâce de son âge lui don-
« nera la tendresse qui fait les heureux. »

Cette belle pensée, enveloppée d'une gracieuse
image, resta l'idéal d'après lequel fut dirigée
l'éducation de François.

Il grandit sans échapper aux petites maladies
et aux misères de son âge, mais prenant, après
toutes celles qu'il surmontait, plus de force et
de vigueur, et en même temps l'intelligence se
développait dans une marche parallèle.

Dès son bas âge, il montrait une grande bonté
d'âme ; il aimait à faire l'aumône, et son doux
sourire, lorsque sa petite main glissait dans
celle du pauvre la pièce de monnaie qui lui
était confiée, éclaircissait toujours la physionomie quelquefois flétrie de l'indigent qu'il assistait.

Un jour, un mendiant était arrêté à la porte ;
on entendait le murmure de sa voix suppliante.
François était un tout petit enfant qui marchait,
mais qui courait à peine. Son père lui remit la
pièce de l'aumône et le prit dans ses bras pour
qu'il pût la remettre au mendiant. C'était un
grand homme étranger au pays ; on le voyait à
son costume et à son langage. Il avait une barbe

noire et épaisse, et toutefois sa physionomie était calme et belle. Il regarda l'enfant avec une sorte de sourire, et lorsque la pièce de monnaie tomba de sa petite main dans la sienne, il lui dit : « Bénis soient l'enfant qui fait l'aumône et le père qui lui apprend à la faire ! »

Ces paroles, dites avec un accent un peu emphatique et quasi-solennel, frappèrent vivement l'enfant, qui ne les comprenait pas trop ; mais souvent il se les faisait redire en demandant : Qu'a dit le bonhomme ? On le lui répétait, et il était content.

Plus tard, il avait alors quatre ou cinq ans, il était allé lui-même demander et porter la petite aumône ordinaire à un mendiant, puis il restait avec lui dans une sorte de conversation prolongée. Tout d'un coup on le voit courir vivement vers la cuisine et fouiller dans le foyer à demi-éteint. Le mendiant avait demandé du feu pour allumer sa pipe, et François, empressé de lui faire ce plaisir, avait enfin trouvé un petit tison enflammé, qu'il lui apportait triomphant et joyeux.

Vers ce même temps, il accompagnait un jour la bonne qui allait chercher à l'école de la paroisse ses sœurs, qui, ses aînées, y commençaient leur éducation ; il arriva tout contrarié :

— Qu'avez-vous donc, mon petit François? lui dit la supérieure.

— Voyez, ma Sœur, on m'avait donné un sou pour le premier pauvre que je rencontrerais sur ma route. Eh bien! je n'en ai pas trouvé un seul, et j'ai encore mon sou.

— Consolez-vous, mon petit François, lui dit la bonne supérieure; tenez, voilà dans notre cour, à casser du bois, un bonhomme bien pauvre; vous pouvez, certes, lui donner votre aumône.

Aussitôt il courut vers le vieux casseur de bois et lui remit sa petite pièce de monnaie.

Plus tard, à mesure qu'il grandissait, cette sympathie pour les pauvres, cet amour des malheureux ne fit aussi que grandir et se développer. L'argent qui lui était donné pour ses menus plaisirs, il le mettait volontiers en aumônes. Enfin, il y eut un moment où le Vicaire de Jésus-Christ sur la terre, le Souverain-Pontife, devint pour tout chrétien le premier pauvre à soulager. François le comprit avec une ardeur au-dessus de son âge; le Denier de Saint-Pierre devint une de ses œuvres favorites. Sa petite bourse était souvent épuisée pour cet objet. Une fois, il était alors au collége, une quête se faisait dans les rangs des élèves. Une pièce d'or se trouva dans la bourse du quêteur ; le Père trouvant cette charité excessive, voulut connaître celui qui l'avait faite. C'était François, mais il ne voulut jamais diminuer son aumône.

Enfin, dans les heures de sa dernière maladie, lorsqu'il ne pouvait plus faire l'aumône que de ses prières, il demandait à la bonne qui était près de lui de dire son chapelet pour le Souverain-Pontife.

François n'avait conservé de ses grands-parents que son aïeule maternelle, qui, par suite d'évènements douloureux, était restée un peu solitaire ; il y avait donc des devoirs sérieux à remplir envers elle, et suivant en cela la marche de sa famille, il dut voir son temps se partager entre Redon et la campagne paternelle. La vie de famille possède un grand charme ; elle est féconde en bons souvenirs, elle est la source des plus pures jouissances ; mais elle n'est pas toujours sans difficultés, et il est quelquefois besoin de s'armer d'une indulgence qui est notre premier besoin, en même temps qu'elle est notre premier devoir. Avec de belles et nombreuses qualités, M$^{me}$ de Gibon avait quelques imperfections qui se faisaient sentir dans le petit monde dont elle était le centre. Très-accessible aux préventions, elle caressait les siennes avec une sincérité inaltérable; très-partiale dans ses affections, elle pratiquait l'injustice avec une merveilleuse candeur.

François ne fut pas de ses préférés.

Or, jamais il ne cessa de montrer à sa grand'mère la plus respectueuse tendresse, d'avoir pour elle les plus touchantes attentions. Lorsque un reproche, souvent immérité, lui était adressé avec la plus singulière vivacité, le pauvre François, doué d'une grande sensibilité, courbait la tête sous cette leçon au moins excessive, ne répondait rien, essuyait une larme furtive qui se glissait sous sa paupière, et puis immédiatement reprenait sa sérénité ordinaire.

Il est bon pour un enfant de ne pas rencontrer trop de faiblesse dans son éducation. Mais toute sévérité a besoin d'être juste pour être utile. L'enfant possède un sentiment inné, profond de l'équité : rien ne le révolte plus que l'injustice. Puis il est à craindre que se révoltant contre elle, l'enfant, par une réaction involontaire, ne laisse envahir son cœur par le poison de la jalousie. François ne fut point accessible à ce mauvais levain. Lorsque plus tard on devait s'occuper de diriger et d'éclairer sa conscience, sa mère l'aidait dans l'examen de ses petites fautes au moment de ses premières confessions; elle lui demandait un jour doucement s'il n'avait point à se reprocher quelques sentiments de jalousie. Oh! non, maman, répondit aussitôt l'enfant, je n'ai rien à dire de ce côté là; ce n'est point un de mes péchés, car je ne suis point jaloux!

Toutefois, il avait peut-être un mélancolique retour sur ses jeunes années quand il disait plus tard à un de ses camarades de collége : *« Quand je serai grand, je tâcherai de rendre tous les autres heureux! »*

Disons tout de suite, pour finir ces souvenirs pénibles, que François put au mois de janvier 1869 voir sa pauvre grand'mère déjà mortellement frappée; cette fois, elle fut pour lui pleine d'une tendresse sans mélange, et quelques mois plus tard elle unissait le nom de son petit fils absent à tous ceux qu'elle bénissait autour de son lit de mort.

## II

Cette situation de famille, avec ses exigences, fut une des raisons qui décidèrent pour François le choix de la paroisse de Redon pour le lieu de sa première communion. C'était là aussi que ses sœurs aînées avaient fait la leur.

Les catéchismes commençaient au mois d'octobre et se continuaient régulièrement deux ou trois fois la semaine jusqu'au jour de la première communion. Ce fut donc au mois d'octobre 1865 que François commença à suivre les cours du catéchisme. Ils étaient faits avec grand soin, le clergé de la paroisse regardant cette œuvre comme une de celles qui méritaient le plus de vigilance, et il y mettait tout son zèle, tout son dévouement sacerdotal.

Nous avons dit que François n'était pas un enfant précoce ; il se trouvait là, pour la première fois, livré à ses propres efforts, n'ayant rien à attendre que de son travail et ayant à lutter contre de jeunes émules qui ne devaient le lui céder en rien. Il sentit vivement l'aiguillon de l'émulation, mais dans le meilleur sens du mot. Après avoir été rangée, classée un peu au hasard, cette petite jeunesse ne reçut de places accordées aux plus méritants que vers le milieu du catéchisme. Le vicaire catéchiste avait voulu juger le travail, la bonne tenue, avant d'accorder des honneurs, des primautés qui pouvaient être disputés et enlevés jusqu'au dernier jour. Par un énergique travail, Fran-

çois réussit à être le second du catéchisme;
puis à un dernier concours, dans lequel le catéchiste voulut voir les suffrages de tous les petits
communiants, il eut les honneurs de la primauté.

Heureux de la joie de sa mère, sensible à
l'honneur, François était surtout fier de la cordiale unanimité avec laquelle ses petits camarades lui avaient décerné cette première place.
Il résumait son sentiment naïf dans cette parole qu'il disait en racontant modestement son
triomphe : « J'ai vu qu'il est bien doux d'être
aimé. »

Ce souvenir de sa première communion a été,
avec bien d'autres, une des grandes lignes de sa
vie. Son âme s'était épanouie délicieusement à
cette sensation qui n'est pas toujours vulgaire,
le bonheur d'être aimé. Il en eut le désir, il en
eut l'ambition, et dans sa courte carrière Dieu
lui a fait la grâce de ne pas éprouver trop de
déception. Il a été aimé, il a été beaucoup aimé,
et dans des jours de douleur nous avons été
étonné d'entendre des hommes que nous au-
rions cru étrangers, sinon indifférents, dire avec
un grand sentiment de vérité : Nous aimions
bien François !

A mesure qu'approchait le grand jour de sa
première communion, cet enfant s'y préparait

de son mieux; on y aidait par le secours des prières de tous ceux dont la voix est le plus écoutée de Dieu. Une heureuse circonstance permit d'avoir une bénédiction spéciale et particulière du Souverain-Pontife Pie IX.

François demanda avec élan et sincérité la bénédiction et le pardon de tous les siens; il demanda ce pardon à tous ceux qui l'entouraient ou étaient appelés à lui rendre quelques services. Il le fit avec tant de bonne grâce, avec tant d'humilité, que plusieurs des domestiques en restèrent émus jusqu'aux larmes, et ce souvenir, plusieurs années après, leur en était resté aussi présent qu'à ce jour même.

Son visage, son attitude, son maintien, tout en lui montrait une piété si profonde, que la supérieure des Sœurs de la paroisse de Saint-Vincent, venue comme amie de la famille pour assister à cette cérémonie si décisive dans la vie d'un chrétien, en avait été frappée.

— J'ai vu, disait-elle ensuite, quelque chose d'angélique sur son front.

Il faisait sa première communion le 26 avril 1866.

Et quelques jours après, on célébrait à la petite chapelle de Boro une de ces fêtes pieuses qui laissaient ordinairement à tous ceux qui y assistaient un souvenir sans trouble. Celle-ci, pour bien des circonstances, laissa des impressions aussi profondes que durables.

III

Vers ce moment-là, sa place avait été retenue au collége Saint-François-Xavier, et un numéro lui avait été désigné; il y entra au mois d'octobre 1866.

Ce n'était pas un enfant très-avancé, nous l'avons déjà dit. Mais le résultat de sa présence au catéchisme, les succès qu'il devait à l'aiguillon de l'émulation, le développement incontestable que ce travail avait produit en lui, toutes ces causes, jointes à quelques autres prises dans un autre ordre d'idées, avaient décidé son entrée au collége. Ce n'était pas trop tôt pour lui.

François y rencontrait un jeune cousin qui, déjà parvenu dans les hautes classes, fut pour lui un ami, un appui, un conseil; il lui fut en aide pour ces débuts de la vie de collége, si nouveaux pour un enfant qui n'avait jamais quitté la maison paternelle.

Le collége est une image réduite du monde, et c'est en raison de cela qu'il est nécessaire à un jeune homme pour l'initier progressivement à la science de la vie, après l'avoir armé autant que possible contre ses écueils. Le maître donne l'instruction, elle vient de lui seul; mais l'éducation est donnée presque tout autant par les camarades, par les condisciples, par les amis de collége. François fut éclairé, dirigé par son jeune mentor, qui lui disait quelquefois :

— Ne te lie pas avec un tel ou un tel; ils n'ont pas de considération !

Ce sentiment, fortifié encore par la délicatesse propre au cœur de François, le dirigea toujours dans les voies les meilleures, et quelquefois interrogé sur ses plus intimes relations de camaraderie et sur leur raison d'être, il répondait simplement : « *C'est qu'ils sont bons et bien élevés.* »

Aussi quelques mois après son entrée au collége, le P. préfet pouvait écrire avec son expérience de la jeunesse : « *Yves et François* « *sont deux types de parfaites honnêtes gens, et* « *si tous nos élèves leur ressemblaient, je craindrais de ne pas gagner le Ciel; mais il en est* « *d'autres qui nous le font acheter assez cher.* »

Ce fut au collége et dans cette année 1867 qu'il reçut la Confirmation des mains de Monseigneur de Vannes.

La distribution vint; il figurait sur le Palmarès pour deux accessits.

C'était un début honorable, sinon brillant.

François n'était ni rebuté ni découragé. Il était habitué à la vie de collége; il y rentra sans peine, bien qu'il éprouva toujours un certain serrement de cœur en quittant ses parents, ses sœurs, le toit sous lequel il avait été élevé, les ombrages qui avaient abrité son enfance. Cette année s'écoula plus rapide et plus joyeuse pour lui. A la distribution des prix, il obtenait cinq accessits. Décidément, son intelligence se développait; il commençait à figurer dans les premiers rangs de sa classe. Sa bonne volonté, toujours la même, était désormais soutenue par la possibilité du succès, et puis il était si content de la joie de sa mère!

Ce fut donc sous les meilleurs auspices qu'il rentrait pour la troisième fois au collége, en octobre 1868. Il était devenu un des anciens de sa cour; il avait, par son affabilité, selon le mot heureux d'un des Pères, de l'influence parmi ses camarades, et il n'en profitait que pour le bien, prenant toujours la défense des petits et des faibles, empêchant, autant qu'il était en lui, ces taquineries, ces vexations qui, dans un collége même le mieux tenu, sont le résultat nécessaire du frottement des caractères, et quelquefois aussi l'abus de la force sur la faiblesse de l'énergique ascendant des âmes plus fortement trempées sur celles qui le sont moins, et celles-là sont toujours les plus nombreuses.

Ses maîtres, ses professeurs appréciaient son exquise bonne volonté; son esprit, sa raison se développaient sensiblement. Toutefois, il n'avait pas de succès brillants; il était dans la première partie de sa classe, mais il n'était pas à la tête.

Interrogé positivement sur le travail réel de François et sur son aptitude, le P. préfet répondait avec sa sincérité ordinaire : « Les rapports des professeurs, des surveillants, mes propres observations, tous sont d'accord pour dire que François travaille de son mieux; son intelligence se développe, mais plutôt en grand que sur telle ou telle branche spéciale de ses études. C'est par là que j'explique son infériorité relative dans les compositions, auprès de camarades qui resteront certainement un jour au-dessous de lui... »

Aussi un membre de sa famille, homme très-sérieux d'âge et de caractère, et qui demandait François au parloir avec une cordiale exactitude, écrivait de lui : « J'avais su apprécier la « parfaite rectitude de sa volonté, l'agrément « de son caractère, la consistance et la solidité « de son intelligence. Il avait plus de conversa- « tion que n'en ont d'ordinaire les enfants de

« son âge, et avait ses petits jugements parfaite-
« ment suivis et raisonnés. Toutes ses pensées
« étaient tournées vers le bien, et je ne doutais
« pas de le voir un jour prendre son essor! »
(Lettre du 12 octobre 1869 )

De son côté, un des Pères du collége Saint-
François-Xavier écrivait :

« Je n'ai jamais trouvé un enfant plus pur et
« plus simple... Je pourrais résumer sa vie de
« collége par ces deux mots : il a toujours été
« un enfant docile et laborieux... Le travail lui
« était pénible, le bon Dieu ne lui avait pas
« donné de grandes facilités, et de plus il était
« assez souvent visité par la migraine, qui le lui
« rendait encore plus difficile... Sans pratiquer
« des vertus héroïques, il a pratiqué dans un
« degré plus qu'ordinaire les vertus de son
« âge...

« Il savait profiter d'un bon avis... On lui
« avait reproché, la première année qu'il a pas-
« sée au collége, de parler beaucoup en récréa-
« tion et de mêler à ses récits des circonstances
« et des embellissements dont la vérité n'était
« pas toujours incontestable. Dès qu'il en a été
« averti, il a fait des efforts pour se corriger, et
« l'on n'a pas eu depuis l'occasion de le lui re-
« procher. »

Il était un des dignitaires de sa petite congrégation, et à la distribution des prix il eut la joie de recevoir un prix et cinq accessits.

Son professeur lui rendait le témoignage de la plus entière satisfaction; il admirait sa constance dans le travail, son application toujours soutenue et sa bonne volonté. Je n'aurais eu, disait-il, qu'un reproche à lui faire, peut-être celui de trop travailler.

Le deuil de la famille ne permettait ni fêtes joyeuses ni grandes réunions, et d'ailleurs elles n'étaient pas dans ses habitudes. Mais en restant tout à fait intime, la vie de François, pendant ces vacances, n'en fut pas moins bien remplie; ces jours si courts se passèrent sans nuages et sans regrets. Du reste, nul enfant n'était moins difficile à distraire et à intéresser. Il savait s'occuper, et jamais l'oisiveté ne vint rendre ses heures inutiles et pesantes. Il aimait la lecture, et des livres aussi sérieux que le comportait son âge l'intéressaient vivement. Tantôt c'était une longue promenade qu'il faisait, tantôt c'était le tracé d'une allée qu'il entreprenait dans un petit bois attenant à la maison. Les choses les plus simples lui faisaient fête et distraction.

## IV

François avait beaucoup grandi et en même temps s'était bien fortifié. Des personnes de la famille, qui lui avaient toujours témoigné un vif intérêt, faisaient compliment sur son apparence de force et de vigueur. Seulement, il se plaignait quelquefois de maux de tête, qu'on regardait comme des migraines insignifiantes. D'ailleurs, ferme de caractère et dur à lui-même, il ne voulait jamais rester à l'infirmerie du collége, lors même que ses maîtres l'y engageaient.

Les vacances approchaient de leur fin; la rentrée des classes était fixée au mercredi 6 octobre. On voulut bien employer ces derniers jours.

Le 29 septembre est toujours le moment d'un pèlerinage spécial à Sainte-Anne d'Auray. Le père de François proposa de s'y associer, et il l'y conduisit en compagnie de ses sœurs et à la grande satisfaction de tous. Les exigences du départ du chemin de fer rendaient cette journée un peu fatigante : personne ne parut en ressentir la moindre lassitude. On avait trouvé à Sainte-Anne des parents aimés, des amis, des connaissances cordiales, et François s'était joyeusement associé à tous les vœux, à toutes les prières, à tous les toasts que portaient les pèlerins de ce jour; son père l'avait présenté à quelques amis respectables qu'il y avait rencontrés, aussi disait-il : J'ai fait mon entrée dans le monde !

Le vendredi suivant, il alla passer la journée chez une grand'tante dont il devait prendre congé avant de retourner au collége; il n'avait pas son entrain ordinaire, il était un peu triste. Nous l'attribuâmes au regret bien naturel de voir finir ces vacances trop courtes.

Le samedi, il désira faire une promenade à cheval : c'était un de ses plaisirs favoris. Le domestique dévoué qui l'accompagnait remarqua aussi son silence un peu attristé. Toutefois, en descendant de cheval, il rencontra un pauvre vieillard qui, habitant de la commune, recevait ordinairement une plus large aumône; François tint à la lui donner lui-même, et de sa petite bourse il tira la largesse qu'il voulut lui faire. Le soir, il se plaignit d'avoir eu froid. En effet, il était légèrement vêtu, et la température s'était sensiblement refroidie. Pour le débarrasser de ces malaises, de ces misères, on crut devoir lui faire prendre le dimanche une petite médecine.

Il s'entretint des souvenirs de sa première

communion avec la bonne qui était près de lui, et il se fit lire dans son prix de catéchisme, une *Imitation* bien reliée, un chapitre qu'il choisit lui-même; ce chapitre dit qu'il ne faut chercher sa consolation qu'en Dieu.

Le lendemain, il n'était pas mieux, sans que son état se fût sensiblement aggravé; il y avait peu ou point de fièvre, mais un état général de malaise. On fit venir le médecin ordinaire de la famille, et telle était alors la sécurité, que le principal motif de sa visite était de savoir si François pourrait rentrer au collége pour le jour indiqué : c'était le mercredi 6 octobre.

Sans trouver encore aucune gravité dans l'état du malade, le médecin déclara qu'une semaine entière au moins de bons soins, de repos et de régime était absolument nécessaire; cette décision fit plaisir à François, qui disait : Il est toujours peu agréable de voir la fin des vacances; mais rentrer au collége souffrant et mal en train, c'est vraiment pénible! Le médecin quittait Boro vers midi, et nous disons que jusque-là il n'était venu aucune pensée d'inquiétude.

Vers deux heures se déclara une crise pénible de coliques, de nausées, de vomissements, et la fièvre redoubla avec une certaine intensité; il se joignait à cela un état d'angoisse si général, une telle altération des traits, qu'on fit immédiatement monter à cheval pour ramener le médecin; il ne lui fut pas possible de revenir avant le soir.

Il constata un état très-sérieux, très-grave, mais non encore caractérisé; le traitement ordonné fut suivi avec soin et exactitude; il fut peu efficace.

La journée suivante ne fut pas bonne; on obtint une transpiration des plus abondantes, mais qui ne produisit aucune réaction favorable. La nuit qui suivit fut mauvaise; l'état s'empirait, évidemment, et l'inefficacité des remèdes employés était manifeste.

Le pauvre enfant souffrait horriblement, et toutefois avec une patience, une douceur admirables. Il avait des paroles de remerciement et de reconnaissance pour tous les soins qui lui étaient rendus; les vomissements, les nausées étaient continuels; il n'avait pas une heure de sommeil, pas un instant de repos. Il disait à une domestique qui le soignait : Je vous fatigue bien; je lasse tout le monde; je suis si exigeant! La bonne le rassurait en lui disant que pour tous la fatigue n'était rien auprès de leur chagrin de le voir malade. Oh oui! dit-il, on est bien bon pour moi, et cependant, quand vous serez malade à votre tour, je ne pourrai pas vous rendre vos bons soins!

Le mercredi, l'inquiétude devenait grande autour de lui. Le médecin ordinaire, consulté, désira avoir le concours d'un confrère, le docteur R..., dans lequel on pouvait avoir une légitime confiance. Il se chargea de télégraphier à Rennes dans ce but.

Le docteur R..., absent, ne put venir que le jeudi soir; les heures du chemin de fer réglaient nécessairement son départ.

Le docteur R... examina le malade avec un grand soin; il délibéra longtemps avec son confrère, qui avait suivi la marche de la maladie à son début. Son langage était navrant; sans vouloir dire qu'il n'y eût plus aucun espoir, il le laissait entendre par toutes ses paroles, même par sa physionomie attristée. Cependant comme il restait cette nuit près du malade, ne devant reprendre le chemin de fer que le matin, il voulut, vers dix heures, essayer encore d'une médication énergique.

Elle produisit quelque résultat, moins efficace toutefois qu'on l'eût voulu; le pauvre petit malade éprouva un peu de bien-être; le docteur A... en conçut bon augure, sa physionomie se rasséréna, il reprit peut-être quelque lueur d'espérance, le cœur du père s'y ouvrit tout entier.

« Si nous obtenons cette nuit un peu de
« repos, disait le docteur, nous aurons demain
« matin un peu moins de fièvre ; alors nous
« pourrons recourir à des remèdes plus éner-
« giques, et, si cela est utile, j'ajournerai mon
« départ. »

Sur ces consolantes paroles, il se retira pour
prendre quelque repos.

Cette légère amélioration disparut bien vite.
Il n'était pas encore minuit que François, repris
de toutes ses douleurs, envoyait chercher son
père.

La nuit fut affreuse ; les crises de vomissements, si elles s'éloignaient, revenaient plus
violentes, les nausées étaient continuelles, la
fièvre épouvantable, un indicible malaise tortu-
rait le pauvre enfant.

Vers trois heures du matin on alla chercher
le docteur, qui, au lieu d'un mieux espéré,
trouva une aggravation qui ne lui laissait plus
aucun doute sur la marche de cette maladie fou-
droyante. Il crut donc de son devoir de préve-
nir que désormais les heures de ce cher enfant
étaient comptées, que ce serait une grande consolation pour tous, une grande grâce pour le
malade de recevoir en toute connaissance les
secours religeux.

Or, il se trouvait que le prêtre aimé et respecté qui avait dirigé la conscience de François lors de sa première communion et depuis son entrée au collége, venait de quitter Redon. Pressé par une vocation spéciale et un désir de plus grande perfection, il venait d'entrer au noviciat des Jésuites. Son absence privait François d'une grande douceur à ce moment suprême. On envoya donc en toute hâte demander à la paroisse le vicaire, qui arriva avec un empressement ému.

François, prévenu par son père, accepta tout dans le même esprit qu'on le lui offrait. Sa présence d'esprit était tout entière ; il s'associait aux prières de l'Église, et répondait à toutes celles qu'il saisissait ; il voulait se lever pour recevoir à genoux la Sainte Communion. Le prêtre lui fit observer qu'au contraire il devait garder la plus grande tranquillité pour ne pas exciter des vomissements qui rendraient la communion impossible.

En effet, il put être communié ; il reçut ensuite l'Extrême-Onction et toutes les bénédictions que l'Église prodigue aux chrétiens dans cette heure décisive. Mais il avait eu besoin d'un effort qui avait augmenté ses souffrances ; aussi disait-il à la bonne qui était près de lui :

Oh! aidez-moi à faire une action de grâce, car j'ai tant de peine à pouvoir prier!

Cependant nous croyons que Dieu lui fit la grâce de lui épargner les affres de la mort; ce sombre passage était doucement voilé à son jeune regard. Au début de cette maladie si rapide, il avait dit un jour : Ah! je souffre tellement que je n'en aurai pas pour longtemps si cela continue. C'était un cri de douleur qui lui était arraché plutôt qu'un cri de désespoir.

Après avoir reçu tous les Sacrements, il dit à son père : Papa, suis-je bien malade? Je sais bien que je suis malade, mais le suis-je beaucoup ou seulement un peu? Son père lui répondit avec le plus de fermeté possible qu'il était malade. — Mais enfin, est-ce que je ne puis pas guérir? — Dieu peut te guérir, cher enfant, et on le prie pour cela. — Mais, poursuivit-il, quelle est donc cette maladie. — Tu as une fièvre typhoïde. Car alors on le croyait. François n'insista pas davantage et ne poussa pas plus loin ses questions.

La veille, sa mère lui avait dit qu'elle avait fait un vœu pour lui à Notre-Dame-du-Sacré-Cœur d'Issoudun. Quel vœu? demanda-t-il aussitôt. — J'ai promis un voyage. — Et vous me mènerez, n'est-ce pas, maman! — Oui, je te le promets, lui dit sa mère. Un doux sourire passa, à cette idée, sur la figure du pauvre enfant.

Sa pensée restait toujours aussi lucide, son cœur affectueux aussi sensible, aussi reconnaissant que dans sa plus parfaite santé. Lorsque la douleur lui laissait un peu de repos, lorsqu'une crise de vomissements était passée, il cherchait à se distraire et à s'intéresser aux choses extérieures : ainsi, à un moment, il demanda si on avait arrêté les assassins de la famille Kinck.

Le jour était venu, un rayon de soleil levant donnait dans sa chambre; c'était à peu près vers cette heure que ses sœurs venaient près de lui; on avait cru devoir l'interdire à ces jeunes filles, parce qu'on redoutait un caractère contagieux à la maladie.

François demanda pourquoi elles ne venaient pas le voir; on le lui dit avec sincérité. — On fait bien, dit-il, de les éloigner si cela devait leur faire du mal. Tout de même, cela me fait de la peine de ne plus les voir, elles me distrayaient, elles m'empêchaient de m'attrister, elles me faisaient du bien, car elles sont charmantes, mes sœurs !

Trempé d'une sueur froide, tourmenté de vomissements qui avaient repris avec une abondance effrayante, en proie à une fièvre dont le pouls ne pouvait plus faire apprécier la gravité, il était dans un état d'inexprimable angoisse. Il voulut être changé de linge et demanda qu'on refît son lit. Il n'y avait plus d'inconvénients à accéder à ses désirs; on le fit. Seulement, comme il y avait des précautions à prendre, ces lenteurs lui donnèrent une impatience qui s'exprima avec quelque vivacité; il en revint aussitôt, et il disait : Je viens d'avoir comme un éblouissement; ne le dites pas à maman, cela lui ferait de la peine!

Il la voyait prier près de son lit, et il ajoutait : Pauvre petite mère! comme elle prie bien pour moi!

Quelques instants après, il disait tout bas à la bonne qui lui soutenait la tête : Je voudrais que maman ne fût pas là! Et comme si la pauvre mère eût entendu ce désir muet, elle sortit aussitôt de la chambre. A l'instant même il demanda un peu d'eau de la Salette, fit deux fois un grand signe de croix après avoir bu, et dit très-distinctement : Bonsoir! bonsoir! C'était un suprême adieu.

Son père, à genoux près de ce lit, commença à dire pour lui les prières des agonisants. Le médecin, qui en ce moment entrait dans l'appartement, lui dit : Vous n'aurez pas le temps de les finir!

En effet, sans effort, sans autre agonie, comme s'il eût seulement cessé de souffrir, il s'endormit dans le Seigneur le vendredi 8 octobre, à dix heures et demie du matin. Lui-même avait dit un jour, lorsqu'il était dans toute la vigueur de son âge et de sa santé : Je voudrais mourir un vendredi, car je suis dans le scapulaire, et j'ai confiance dans la parole de la Sainte Vierge.

La cérémonie funèbre eut lieu le lendemain samedi, 9 octobre, à onze heures.

Des mains pieuses et dévouées avaient tressé une couronne de fleurs blanches pour orner son modeste cercueil; elle y était attachée par son ruban de première communion. La petite église de campagne avait été décorée d'un deuil bien simple, mais suffisant. Une assistance nombreuse et surtout profondément émue la remplissait. Nul n'était étranger, nul n'était indifférent, et cependant on sentait dans cette tristesse, dans cette douleur générale, quelque chose qui était comme une consolation et vérifiait cette parole de l'Écriture : Que la douleur des chrétiens ne ressemble pas à celle des gens qui n'ont pas d'espérance. L'espérance chrétienne était ici dans toute sa force, et si elle ne tarissait pas les larmes, elle en diminuait singulièrement l'amertume.

Bien qu'on eût parlé de dangers possibles, d'un caractère contagieux et redoutable dans la maladie qui enlevait ce cher enfant, personne, ni avant ni après sa mort, n'hésitait à l'approcher; il y avait même pour cela un empressement touchant. Quelques-unes de celles qui l'ont enseveli et veillé sur son lit de mort éprouvèrent des impressions si consolantes qu'elles n'en perdront jamais le souvenir.

Un des Pères du collége Saint-François-Xavier a dit que François était un ange d'innocence, aussi gravera-t-on avec confiance sur sa tombe : Bienheureux ceux qui ont le cœur pur, car ils verront Dieu !

BIBLIOTHEQUE NATIONALE DE FRANCE
3 7502 01002068 5